用盡一生去學習，
像是沒有盡頭一般，
讓你的生活充滿智慧之光！

佛陀把人分為四類，

正好可以比擬為四種類別的蓮花。

人們過生活的方式，

可以交給命運，

或是取決於你所擁有的夢想。

快樂與痛苦天天都有，

但每個人都希望只有快樂而沒有痛苦。

有智慧的人，

會學習如何將務實的態度應用於生活中，

他們知道生命的真諦，

並且把平靜與本心融入到生活態度裡。

他們明白生命是有韌性且有價值的，

快樂和痛苦通常離彼此不遠。

如果我們了解「知足」的真正含意，

我們就能天天感到幸福、快樂。

本能型

較容易受本能或運動中心驅使，

凡事不多加思考，總是被情緒控制。

• •

理智型

較容易受理智中心驅使，

聰明而守規矩，永遠抑制情緒。

情感型

較容易受情感中心驅使，
擁有單純而敏感的心，任情緒恣意流動。

· ·

平衡型

努力達成各中心平衡發展，
充滿智慧與才學，善於管理情緒。

chapter

1

LOVE

愛

愛與被愛的感覺，

為生命帶來無與倫比的溫暖與豐盛。

——奧斯卡·懷爾德(Oscar Wilde)

Love

本能型

當他愛上一個人，
他極為激情卻也變成愛的俘虜。
當情感歡快，他可以為愛耗盡所有；
當情傷哀痛，他就與愛共亡。

理智型

當他陷入愛河，
因為深信愛與被愛無法取得平衡，
於是無法付出全心全意。
不知道如何去愛，
也將永遠無法獲得愛。

Love

情感型

他以純淨的心去愛，而且從不期待有所回報，

他只企盼所愛能夠幸福，

見到所愛高興，他也感到高興。

他真誠，並樂於給予他人支助，

最終，他也將獲得愛與關懷作為回報。

平衡型

他擁有並呵護摯愛；

他品嚐快樂，但也為悲傷預做準備。

他能控制情緒與心境，

他清楚當快樂來臨，悲傷終將尾隨而來。

他量入為出、謹守本分，不做非分之想，

他了解「知足」的真諦，也讓愛在心中滋長。

愛從不會傷人，
是人傷害了彼此。

一個從來沒愛過的人，

不過就是

一具雖然活著卻沒有靈魂的軀殼。

chapter

2

Belief
信仰

持續保有夢想，

體認成功必得堅持你的遠見、努力、決心與奉獻；

只要抱持信仰，一切就有可能。

——蓋爾．戴沃斯(Gail Devers)

Belief

· ·

本能型

他相信聽到的一切，從不謹言慎行。

他喜歡占星卜卦，也常去算命，

占卜師說什麼他都信。

他求神給他更好的生活，

然而，付出很渺小，願望卻很巨大。

· ·

理智型

他從不相信算命，反而對自己很有把握。

他不信神，認為命運由我不由天。

他獲得的一切全靠本身能力，

自身的弱點也透過練習而改善與克服。

他冀望透過努力得以成功。

· · · · · · · · · · · · · · · · ·

Belief

情感型

他認為神是無上的存在，

不道德的行為導致罪惡，也使人墜入地獄。

生命的一切都是命定的。

他主張賞善罰惡，篤信功德，

並崇敬宗教的力量。

平衡型

他相信來去是生命的真義，

他從不對任何事執著，

不追求飄渺的幸福。

他不冀望老天幫忙，

也不守株待兔地坐等機會上門。

他運用所學與專才，去取得自己的成功。

相信你所看見的，
看見你所相信的。

如果，

連自己都不相信自己的能力，

那麼，

別人又為什麼要相信你？

chapter

3

Speech
言談

子曰：「君子欲訥於言，而敏於行。」

——孔夫子

Speech

◆◆◆◆◆◆◆◆◆◆◆◆◆◆◆◆

本能型

他總是跟著直覺走，

話說出口前從不思考，

時常不自覺刺傷他人，

造成許多麻煩，

給自己與他人都帶來不必要的傷害。

◆◆◆◆◆◆◆◆◆◆◆◆◆◆◆◆

理智型

他總是想過才開口，

言談的內容充滿理性與善意，

從不開口傷人，也不講壞話。

他善用言詞為自己帶來商業利益。

他保留所有的惡言惡語惡念，

從不高談闊論。

但生活也因此隨時緊繃。

◆◆◆◆◆◆◆◆◆◆◆◆◆◆

Speech

◆◆◆◆◆◆◆◆◆◆◆◆◆◆

情感型

他講話讓人舒服，且從不說三道四。

他嘴巴甜，也了解自己的夥伴，

他不以言語貶抑他人，

他以正面的話語、有創意的想法，

為自己和身邊的人帶來愛與幸福。

◆◆◆◆◆◆◆◆◆◆◆◆

平衡型

他說話前總會考慮到場合情境，

他知道開口的時機，

別人說話時也能專注傾聽。

他的言語富含道理而且源於智慧，

他期望傳達正面話語，

並為大眾與社會創造利益。

◆◆◆◆◆◆◆◆

為什麼每個人
都只聽自己想聽的？

好的言論是有創造力的，

壞的言語是具毀滅性的。

而兩者可以來自同一張嘴巴。

chapter

4

Wrong
錯誤

許多人不把錢當一回事，直到千金散盡；

而另外一群人，虛擲的卻是光陰。

—歌德(Johann Wolfgang von Goethe)

Wrong

....

本能型

做錯了事，

他從不承認自己的過失，

只一昧怪罪別人。

他從不曾察覺自身的問題，

更遑論改善，

那將使他一輩子都無法進步。

....

理智型

每當錯誤發生，

他就責怪自己，

聰明帶給他極大的壓力，

於是他不斷要求自己，

但人畢竟不可能完美，

到頭來也只是追尋難以企及的最高標準。

....

Wrong

....

情感型

他對所發生的一切感到難過，

他坐擁愁城，

對於自己心存善念卻未得到任何應有的回報而傷心，

他不懂為何老天沒看到他的善行義舉，

也認為那是苦難不放過他的原因。

....

平衡型

他找到錯誤的原因，

不論是人為還是制度所造成，

他都將從根源解決問題。

瞭解問題的核心，讓錯誤不再發生。

他運用才智改善情況，

對敏感議題也用謹慎而小心的態度處理。

....

在這個世界上，

人人都有一項堅持，

那就是——

堅持自己是對的。

世界上每個人都會犯錯，

重要的是，

犯錯的人是否自知，

又是否有心悔改，

還是找個藉口敷衍了事。

chapter

5

Clever
聰明

不閱讀的人，

如同不識字的人。

──馬克吐溫(Mark Twain)

Clever

本能型

他總自認聰明所以凡事漫不經心，

也不願花時間心力自我提升、增長知識，

最終導致所見所聞日益貧瘠，

故步自封，

最後竟成了傻瓜而不自知。

理智型

他自認愚昧，

因此用功讀書，渴望吸收更多知識。

他從不停止學習，並以持續自我成長為目標。

但有時過於強盛的求知慾，

反而使他的言行舉止令人難以瞭解。

Clever

◆◆◆◆◆◆◆◆◆◆◆◆◆◆

情感型

他不敢適時展現聰明，

他隱藏自己的想法，也擔心他的話語會傷人，

所以沒人知道他聰明與否。

他從不在適當時機展現才智，

大多數時間他裝做什麼都不懂，

最後，他甚至認為自己一無所知。

◆◆◆◆◆◆◆◆◆◆◆◆

平衡型

他了解自己的能力，

清楚自身的強項與弱點；

他閱讀可以帶給他最大助益的好書；

他善用才智，也向專家請益，

他把每一課都研讀到通透為止。

◆◆◆◆◆◆◆◆◆

一旦停止學習，
我們也就不算真正活著。

學習的美妙與奧祕，

讓人上癮，

也讓人持續進步。

chapter

6

Target
目標

人才擊中他人擊不中的目標，
而天才則擊中他人看不見的目標。
——叔本華(Arthur Schopenhauer)

Target

本能型

他漫無目標地過日子，

盲目地跟從成功人士的腳步。

他迷失在自己的思緒裡，對未來毫無方向，

他的生活就是隨波逐流，

並把別人的目標當成自己的。

理智型

他目標遠大，

他編織了偉大的夢想，並從教訓中成長。

他追尋自己偉大卻遙遠的夢，

他努力打拼，也奮力邁向成功，

但他終難滿意，

因為不管如何努力，目標就是遙不可及。

Target

情感型

超過自身能力範圍的任何事，他都從不考慮，

對所做的事和所過的生活，他都滿意。

生活中無法擁有的東西不會造成他的困擾，

他既不設定目標，

也沒有什麼夢想可言。

....

平衡型

他懂得設定遠程目標、近程目標，

並按部就班逐一達標。

他先瞄準近程目標，

然後按照計畫、持續邁進。

有了目標去努力，也有勇氣去奮鬥，

從這循序漸進的追尋過程中獲得快樂。

....

有了目標，
成功就已在望。

如果不知目的地何在，

旅途又該如何啟程？

chapter

7

Give

給予

我們藉由得到的來維持生計，

而藉由所付出的來充實人生。

——邱吉爾(Winston S. Churchill)

Give

本能型

他所求甚多，而且總是不知足。

他不知如何對他人付出，

所有人也都不願意接近他，

因為沒人喜歡讓他予取予求。

他只知道索求，

並且錯誤地認為求得越多自己越幸福。

理智型

他喜歡協商，他不偏頗，

他的取得與付出，都按常規進行；

他依循正道也講究公平，

不佔便宜，也不被佔便宜；

不喜歡從不如自己的對象手中獲得好處，

他從不先付出，以免失去優勢。

Give

情感型

他付出的遠比獲得的更多，

不管是精神上或物質上，他都全心付出。

比起自己的人生，對於別人的遭遇，

他給予更多的同情和憐憫。

他總是做好事而不求回報，透過付出而感到快樂，

一旦滿足了自己，他就以善行義舉回饋社會，

因而廣受身邊人們的愛戴。

平衡型

他了解付出與獲得其實並無不同，

而且兩者必須維持平衡。

他可以贏得民心且受到愛戴，

他學習如何為大眾付出，

回報他的則是榮譽與敬重。

幸福是付出，
而非獲得。

每次付出

都應是真心誠意的善意，

而不企求有所回報。

chapter

8

Business

商業

成功沒有秘訣，

僅來自努力準備以及從失敗中學習教訓。

——科林·鮑爾(Colin Powell)

Business

本能型

在商場上，

他心中滿是慾念與貪婪，

他只跟那些能讓自己獲利的人打交道，

他只為眼前打算，

為此，他甚至可以欺瞞朋友。

理智型

他遵循人生規範進行商業活動，

為自己打拼，

從不佔他人便宜，或讓別人佔自己便宜。

只要是能互利互惠的關係，

他就願意往來連繫。

Business

情感型

他以愛心投資商業活動，

把所愛的事物轉化成工作，

他透過所擁有的創造幸福。

隨著時間過去，他的工作成了他的壓力，

而原本的興趣也開始令他倍感焦慮，

最後，他連最初的愛好也都失去。

平衡型

他對商業環節都了解通透，

運用才智與經驗解決問題，

他認同術業有專攻，他擅長不恥下問，

從不以命運禍福為藉口，

對工作與家庭他都認真兼顧，

因為他明白事業成功與家庭是息息相關的。

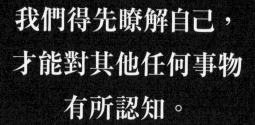

我們得先瞭解自己，
才能對其他任何事物
有所認知。

「知己知彼，百戰百勝」不是老話，

做生意之前，

瞭解是主要目標，亦是先決條件。

chapter

9

Money
金錢

創造成功，靠得不是金錢，

而是擁有創造成功的自由。

——曼德拉(Nelson Mandela)

Money

本能型

他花錢從不手軟，

不在乎未來是否會因此入不敷出，

無怪乎他總是捉襟見肘。

他從不審度收支狀況，

他用錢買取快樂，

但卻沒意識到錢能買到的，

不過是短暫的歡快而已。

理智型

他瞭解錢的價值，

所以厲行簡樸生活，為將來進行儲蓄。

所有的收入都原封不動地存起來，

然而，死命存錢卻演變成

既無法享受多金的快感，也沒辦法消除多金的煩惱，

反倒極可能花費大把金錢治療

為錢所苦而積累的心病。

Money

情感型

他有節制地花錢，他的金錢大多都花在做好事上。

他也不儲蓄，將自己的錢都借給有需要的人。

當他擁有較多時，他也慷慨付出；

當他擁有較少時，他就給的少一些。

當他可以用金錢為親人和身旁的人創造快樂時，

他絕對不會猶豫。

平衡型

他賺取金錢，懂得花錢也懂得儲蓄。

他有智慧地管理生活中各方面的花費，

他會為家人的未來和孩子的教育預作準備。

他明白世上的事很難說得準。

也因此，他懂得享受金錢帶來的快樂，

同時也不忘為了將來準備。

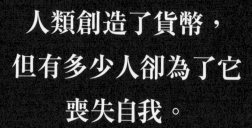

人類創造了貨幣，
但有多少人卻為了它
喪失自我。

人是赤裸裸地來到這世界，

連一件遮蔽的衣物都沒有。

事實上，

連名字也是他人賜給你的。

chapter
10

Invest
投資

良善是唯一永遠不會失敗的投資。

——梭羅(Henry David Thoreau)

Invest

....

本能型

他投資時就像賭徒，

將全部財產傾囊而盡。

這也帶來了極高的風險，

失敗意味著破產，

然而投資之前，

他從不曾考量到失敗。

....

理智型

他投資是因為有了理想的數據，

能產生利潤的任何投資，

他都來者不拒。

獲利好的任何股票他都投資，

決定投資前，他仔細蒐集相關資訊，

他沒有情感關係，

只對數字和金錢有興趣。

....

Invest

....

情感型

他投資只不過是因為朋友的勸說，
朋友說什麼他就信什麼。
如果交到好朋友，是他運氣好；
但若碰上個騙子，他可就慘了。
他太容易相信別人，
也把別人都想得太善良。

....

平衡型

他知道投資有賺有賠，
所以只投入一半的財力而非全部。
他不讓貪婪壓倒思慮與精神，
他清楚金錢的價值和重要性。
有時錢要用來投資，
但也有需要留住錢的時候。
對於高風險的標的，他從不投資。

....

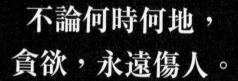

不論何時何地，
貪欲，永遠傷人。

▶▶▶

慷慨激昂會造成衝動的後果，
意氣用事則招來巨大的風險。

chapter

11

Relation

關係

兩個靈魂的相遇，

就像兩種化學物質的接觸，

一旦產生反應，兩者都會轉化。

——榮格(C.G. Jung)

Relation

◆◆◆◆◆◆◆◆◆◆◆◆◆◆◆

本能型

他與別人相處融洽，

他的愛很純真，

對老朋友新朋友他維持一樣的態度。

但他從不知道這些人對他是否真誠，

他不會察覺是否有人欺騙了他，

甚至，他不知道自己早已被背叛了。

◆◆◆◆◆◆◆◆◆◆◆◆◆

理智型

他交朋友是因為能從中獲得好處，

只要彼此能互利，那麼友誼就能維持。

可一旦沒了好處，關係也就中止。

他從不真心誠意地幫助別人，

因此，他沒有真正的朋友，

卻有不少實實在在的競爭對手。

◆◆◆◆◆◆◆◆◆◆◆

Relation

◆◆◆◆◆◆◆◆◆◆◆◆◆◆◆

情感型

對於眾多朋友他總是給予支持，

而且從不冀望有所回報。

他對人永遠真誠以待，

但有些人未必回報以相對的誠意。

對他人付出真心而不求回報，

他就是個擁有善意和溫柔品行的人。

◆◆◆◆◆◆◆◆◆◆◆

平衡型

他能分辨合作夥伴與真正的朋友，

他知道人際關係的層次繁複，

他清楚在需要慰藉時，

他有彼此可以掏心以對的摯友；

他清楚在有需要時，

酒肉朋友無法給予協助，

所以與這類對象他只維持基本關係。

◆◆◆◆◆◆◆◆◆

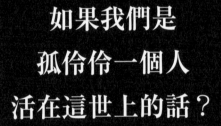

如果我們是

孤伶伶一個人

活在這世上的話？

沒有人會比我們自己更了解自己。

chapter

12

Criticize

批評

那些將世界向前推進的人，

樂於鼓舞他人而少批評。

——伊麗莎白‧哈里遜(Elizabeth Harrison)

Criticize

本能型

他動不動就批評別人，

他沉迷於挑剔他人與道人是非。

沒有人樂於親近他，

也不會與他分享秘密，

以免招惹上那個「八卦傳聲筒」。

理智型

他總是談論個人的生活且自我批判。

他只考慮和自己有關的事情，

只要朋友更換話題，

他就馬上轉回自己有興趣的部分，

最後朋友都覺得無趣而紛紛離去，

所以他也只能和自己對話了。

Criticize

....

情感型

總是以正面的態度談論別人，

善於給予他人肯定，

深怕講出有損他人名譽的話。

他習慣把個人的反感藏在心裡，

因為要公開談論他人不是，

總讓他很不自在。

....

平衡型

他不喜歡批評，

因為他了解世事與人性，

他明白事情同時存在好與壞的一面。

大家和他相處時都感到輕鬆，

因為知道絕對不會遭到他的無端批評。

....

道人長短、讓遭到攻訐的人
覺得自己不如人，
但其實造謠生事、傳播是非者
才真正不是人。

用汙言穢語傷害別人

是可怕的罪行。

chapter

13

Considerate
體貼

心存體貼，

比任何大學文憑，

都能讓你的孩子在人生路上走得更遠。

——瑪麗安. 萊特. 埃德爾曼 (Marian Wright Edelman)

Considerate

本能型

他對任何人都不感到害怕。

即使在大庭廣眾之下，

言行舉止也從不顧及他人的感受。

他身邊的人都覺得尷尬，

因為他不懂得何謂合宜的舉止。

他的行為跟著情緒走，

他用粗俗無禮來掩蓋本身的缺乏自信。

理智型

他直來直往，視工作為人生最重要的事。

對就是對、錯就是錯。

面對循規蹈矩的人，他很體貼；

面對為非作歹的人，絕不寬貸。

他最關切的是工作，

和他人的情感關係相對次要，

他最在乎對錯，對得失則毫不在意。

Considerate

◆◆◆◆◆◆◆◆◆◆◆◆◆

情感型

他體貼至極，

即使別人佔他便宜，他也不敢指責。

於是，他無止境地對他人體貼，

把所有的感受積存在心裡，

就像個不斷充氣的氣球，

總有一天要爆炸的。

◆◆◆◆◆◆◆◆◆◆◆◆◆

平衡型

他了解世事，

能掌握適當且得宜的舉止。

他體貼好人，而非有錢人；

他在乎得失，多於是非對錯。

他充滿信心，堅持對他人的良善，

他對值得尊重的人體貼，

別人自然也以溫情相待。

◆◆◆◆◆◆◆◆◆◆

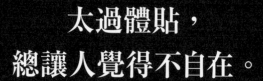

太過體貼，
總讓人覺得不自在。

情緒失控，

總帶來負面影響。

chapter

14

Rules

規則

規則對於愚蠢者是服從，

對於智者則是引導。

——道格拉斯‧貝德(Douglas Bader)

Rules

· ·

本能型

他無視於規則與紀律，

想做什麼就做什麼。

他收集無用之物，又不善於整理排序，

要用的時候總是遍尋不著。

不論有用或無用的東西他一律留下，

但卻從不分類、不整理、不淘汰。

· ·

理智型

他會將工作排定先後次序，

他篤信規律和法則；

他重視正義與美感。

他謹守生活中的模式和秩序，

他的生活系統化地按部就班、從不紊亂，

他深知工作的原則和要旨。

· · · · · · · · · · · · · · ·

Rules

....

情感型

他害怕懲罰所以遵守規矩。

他清楚規定的重要性，

但他認為和別人的情感關係更為重要，

所以若有人要求，

他可能會做出不符規定的事。

因為他讓個人的情感凌駕於所有規則之上。

....

平衡型

他遵守規則，

但亦堅守自己所擁有的信念。

他依照實際情況彈性變通，

他深知規則是人訂立的，

若不合時宜，

自然也應該修正、改善這些舊有規則。

....

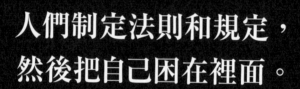

人們制定法則和規定，
然後把自己困在裡面。

人與動物的差別在於，

人會給自己設下不能跨越的框架。

chapter

15

Management

管理

管理是把事情做對，

領導是做對的事情。

——彼得·杜拉克(Peter Drucker)

Management

本能型

他沒有管理方針，

只靠自己腦袋和情緒來經營事業。

喜歡的人犯錯，他視而無睹；

但看不順眼的人，就算沒犯錯，

他也能挑出事端、加以訓斥。

他做事主要仰賴情緒，而不是對管理的認知，

導致工作的產能既不穩定又難以預期。

理智型

他把焦點放在管理原則上，

一切行事都依照書本按表操課。

他嚴格遵循既定的方針，

雖然做得苦不堪言，他依舊堅守管理規則。

不但從無彈性，也不依狀況調整自己。

對於理論，他完全遵照實行。

Management

◆◆◆◆◆◆◆◆◆◆◆◆◆◆◆

情感型

管理方針側重於「帶人帶心」，

他深信要能成功管理，

必先征服別人的心志，

而多數屬下也都對他一致好評。

然而，當屬下犯錯時，

他卻不敢指責，

因為他擔心不再受人愛戴。

◆◆◆◆◆◆◆◆◆◆◆◆◆

平衡型

他知道管理原則，也了解調整之道；

他信賴經典，

但認為生活有時還是得有些彈性。

他相信能隨遇而安的人終能存活，

他了解「無常」才是生命的真諦。

◆◆◆◆◆◆◆◆◆◆

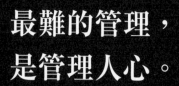

最難的管理，
是管理人心。

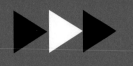

原則是條直線；

生存是條曲線，

曲線自然會有弧度。

真正的生活，

總是直線、曲線都容納其中，

才能展現平衡與美感。

chapter

16

TRY
嘗 試

我們最大的弱點在於放棄，

而最有可能成功的途徑，就是「再多嘗試一次」。

——愛迪生(Thomas A. Edison)

Try

....

本能型

他不嘗試締造成功，

卻仍心生嚮往；

他過著安逸的生活，

可總是依賴他人。

他一輩子都難以有所成就，

儘管對成功念念不忘，

卻不著手進行任何有可能使他成功的事。

....

理智型

他下定決心，努力嘗試取得成功，從不畏懼險阻。

他的生活就是為了成功而奮鬥，從不假手他人，

因此他總是身心俱疲而鮮少感到快樂。

他渴望事業興旺、永遠不會因困境而走投無路，

他態度堅定也很勤奮，永遠將他的目標指向未來。

....

Try

情感型

由於目標平庸，

他不用太過努力，

所以他中庸地過活，

讓他的生活任由命運和老闆擺佈。

他喜愛和平，

也不想變得具有野心。

平衡型

他嘗試以平衡生活來達到成功。

他按部就班地慢慢增加目標；

也循序漸進地增加所付出的努力。

他的生活因著完成每個階段的成就而充滿快樂，

他下定決心要平實地、逐步地增強力道，

以達成他巨大的終極目標。

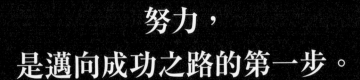

努力，
是邁向成功之路的第一步。

如果這世上不再需要努力，

那這世上就再也不會有成功。

chapter

17

贏家與輸家的分別，

在於一個人面對生命轉折時所做出的反應。

——川普(Donald Trump)

Fate

本能型

他相信命運。

別人告訴他即將致富，他就等著變富有。

他從沒想過靠自己的能力獲致成功，

不確實付出努力奮鬥，卻期盼上天賜福。

當願望無法實現，

他便埋怨上天以及除了自己以外的一切。

理智型

他並不把上天的命定放在心上，也不相信宿命；

他對人的作為有信心，竭盡所能打拼，

也相信能力與行動將趨使他迎接美好。

碰到不了解的事物，他就悉心研究；

碰到做不好的工作，他就勤奮練習。

Fate

情感型

他總是祈禱，

相信上天對萬物的命運早有安排。

他沒有明確的目標，

而讓上天決定自己的命運。

他篤信天、地、人的宿命，

因此也很難改變他的想法。

平衡型

他用命運強化他的心志，

以身體的力量，作為駕馭生命的動力。

他不自以為可以超脫宿命，

而用知識、能力及經過命運洗鍊的心靈來解決問題。

他認為凡事有來有去；他了解好壞相隨、禍福相依，

萬物的興盛與衰退都是無止境的輪迴，

這就是世界的真理。

老天叮嚀我們走左邊，
但其實我們本就打算走左邊。

　　贏家常告訴自己：「肯定做得到」；

　　輸家則說服自己：「運氣差一點」。

chapter

18

重複的行為造就了我們，

因此卓越並非單一的行為，而是一種習慣。

——亞里斯多德(Aristotle)

Do

本能型

他太常認為凡事皆不可為，

要改變事態也很困難，

總有極多的障礙。

每當機會來臨，他卻只光看到阻礙，

所以他從不考慮嘗試任何事情，

最後，他變成又懶又笨的傻瓜。

理智型

他相信只要開始行動，凡事都有可能，

所以他很勤奮，一切都不假手他人，

他積極主動，

付諸行動前也總先深思熟慮；

他試著避免犯錯，

而且決心要不厭其煩、奮鬥到底。

Do

....

情感型

他相信凡事不過如此，萬物都有定數，

因此他從沒想過改變自己或他人。

他認為不論投入多少努力，

最終的結果都是一樣的，

因為命運早已註定，

而且從開天闢地以來就是如此，

所以他從不考慮自發地做些什麼。

....

平衡型

他相信這世上同時存在可能和不可能。

能做的事他都立刻進行；

困難的工作，他則謀定而後動。

他不做超出能力範圍的事，

所以他對生活中各種可能和不可能的事，

都能坦然以對。

他也了解人有時總會犯錯。

....

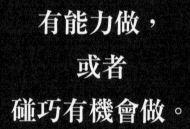

有能力做，

或者

碰巧有機會做。

遇到阻礙時，贏家總看到機會；

碰到機會時，輸家只看見阻礙。

chapter

19

Health

健康

金銀財寶不是真正的財富，

健康才是。

——甘地(Mahatma Gandhi)

Health

本能型

他不關心自己的健康，

想吃什麼就吃什麼，甚至吃進毒素都不考慮後果。

他不衡量自己身體的抵抗力

是否能化解毒素並與病痛搏鬥；

當他意識到這件事時，已經太遲了，

毒素在體內累積過久，已無解藥可醫。

理智型

他注重自己的健康，

選擇攝取營養豐富的食物，

並拒絕有害健康的化學成分。

他挪出時間運動，也搜尋、研究健康資訊，

因為他曉得身體健康就可以賺更多錢、獲取更多知識，

也能更長壽。

Health

情感型

他在乎自己的健康，

他只吃蔬菜水果，

他想要活得更久、更健康。

他不碰任何葷腥，

因為愛護動物而認為肉食是不道德的。

然而，他不熱衷運動，因為他已滿足於現況，

平衡型

他學著認識食物，也知道分辨好壞。

他視飲食為人生的一種快樂，

但並不因此養成不健康的飲食習慣，

只有偶爾在社交場合才會破例。

他會找出空檔運動，生活以中庸之道為原則，

而且常保心情愉快。

如果沒有力氣享用，
要那麼多東西幹嘛？

愛自己的人 ，

會照顧自己的健康。

chapter

20

Family

家庭

幸福的家庭，宛如人間天堂。

——蕭伯納(George Bernard Shaw)

Family

本能型

他不照顧自己的家庭，只關心他自己。

他認為自己無依無靠地長大，

所以孩子也得自力成長。

他從不教導孩子，只知道指責、用髒話謾罵，

他的孩子從未得到過溫暖與愛。

到頭來，他的家人會遺棄他，

他不得不獨居生活，臨老時也沒人會支助他。

理智型

他熱愛自己的家庭，

但全家都得服從他並聽他指令，

彷彿他是一個真正的首領。

家人順從他的指令，是因為害怕，

而不是出於愛或關懷。

沒人敢親近他，因為他自認為比任何人都聰明，

所以大家都得服從他。

Family

情感型

他全心全意地熱愛家庭，

他關愛家人的程度遠超過對他自己。

他不假思索地就張羅好家人全部所需。

他寧願自己受苦，以換得家人的幸福，

為了家人，他可以竭盡所有，

甚至犧牲個人享受。

平衡型

他透過身教讓家人體會他的愛。

他用理智去了解家人；

他從不強迫家人接受指揮。

即使家人做了他不喜歡的事，他也不責怪。

他讓家人自我思考、行動、成長，

他明白每個人都有自己的想法。

了解別人，

讓我們的生活更快樂。

主動了解別人，

比讓全世界都了解我們，

來得容易多了。

chapter

21

Sufferings
痛苦

苦難能突顯堅強的靈魂，

最明顯的特徵就是那傷口瘁癒的疤痕。

——紀伯倫(Khalil Gibran)

Sufferings

本能型

無法斷絕讓自己痛苦的事物，

導致他與痛苦形影不離。

他思緒混亂，好像被遮蔽了視野，找不到出路。

他反覆遭遇同樣的狀況，

但也始終無法為自己找到解決之道，

他被痛苦完全壓垮了。

理智型

他將自己和痛苦隔絕，

也知道是什麼讓他痛苦。

當苦難來到，他可以找到方法趨吉避凶，

因此他不會面對同樣的苦難，

卻要一輩子努力躲避災禍。

Sufferings

情感型

他深受痛苦煩擾，卻不知道如何找到出路。

他僅僅等待上天給予的命運，

並埋怨過往做的好事沒能帶來回報。

時間帶給他舒緩與慰藉，

讓他感受到的痛苦不那麼劇烈。

平衡型

他透過平靜內心和佛陀的教誨，

來療癒自身的痛苦。

他按照佛教的開示，弄清楚苦難的因果；

他用本身的才智，明察痛苦的肇因；

並以平和的心境終結痛苦。

因此，他不再需要在苦難的輪迴中徘徊。

愛總伴隨著痛苦而來。

愛我們的人，

比我們自身承受了更多的苦難。

chapter

22

Change

改變

今天就改變你的生命吧！

別指望未來，

不要拖延，馬上行動！

——西蒙‧波娃(Simone de Beauvoir)

Change

本能型

他排斥任何改變，

並堅持各種老習慣。

他不相信改變會讓事情好轉；

反而認為改變會使事情變壞。

所以他維持著老舊的慣例，

很快地就要落伍過時了。

理智型

他知道改變會帶來進步，所以他不斷尋求改變，

而且手上總有新的計畫正在啟動。

他不會停止嘗試改變。

當新的事物開始著手進行，

他的動力讓他不會感覺疲憊；

但是當體力衰退，而他還沒達到完美的境界，

他會感到相當失望。

Change

情感型

他期待上天下達指令。

他從沒想過改變自己或他人，

因為他對所擁有的一切都感到無比的滿意。

平衡型

他能分辨體制的好壞，

堅持好的，汰換壞的。

他了解如何改善糟糕的問題，

也洞悉我們所生活的真實世界。

他意識到依據不同的人生階段，

改變與適應將能引領生命價值的延長，

而好的事物會形成一種習慣。

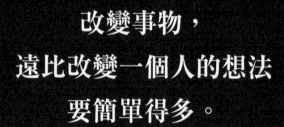

改變事物，

遠比改變一個人的想法

要簡單得多。

不要試著改變根本改變不了的，

否則你會沮喪不已。

chapter

23

Public

公眾

如果智慧讓你——

驕傲到不願落淚，嚴肅到笑不出來，自私到目中無人，

那，它就不再是智慧了。

——紀伯倫(Khalil Gibran)

Public

本能型

他只考慮到個人的問題，

所作的一切，也都不為他人，只為自己。

他從不在乎一般大眾，只顧著為自己抓緊利益，

即使別人因此身敗名裂或血本無歸也在所不惜。

他既不為他人著想，眼裡也只有蠅頭小利，

而這樣的個性就足以使他背叛眾人。

理智型

他在意個人和公眾議題，

他強調雙方的利益需互惠而公平，

能與他交換利益的朋友，他都樂於結交。

如果無法互利，他就不會與之來往。

他行事公平，在他的遊戲規則裡，

大家雖無輸贏，但也沒人會先讓步。

Public

◆◆◆◆◆◆◆◆◆◆◆◆◆◆◆

情感型

公眾就是他主要關切的議題。

他不願意給別人造成麻煩，

即使需要為公眾犧牲部分個人利益，

他也無怨無悔。

為了支持公眾議題，他甚至不惜向別人借貸，

也會為大眾奉獻他的時間與金錢。

◆◆◆◆◆◆◆◆◆◆◆◆◆

平衡型

他剖析個人與公眾議題的優缺點，

他明白只靠一己之力，

將無法為公眾帶來絕佳的成果，

所以他擬定計畫，讓各方互相協調配合，

組成盟友，推出既富創意又有價值的專案計畫。

集結眾人之力，為公眾與社會帶來豐碩的利益。

◆◆◆◆◆◆◆◆◆◆

就挑讓我們感覺舒服、

又不會給自己和他人

帶來麻煩的事情來做吧！

最讓人尊重的付出

是不求回報的那種。

chapter

24

Value of Man
人的價值

不要立志當一個成功的人，

而要成為一個有價值的人。

——愛因斯坦(Albert Einstein)

Value of Man

....

本能型

他用物質來衡量人的價值，

所以他敬佩有錢人。

他喜歡飾品，本身就是個物質主義者，

他欣賞昂貴的東西，

也以財產多寡評定人的高下。

他看人也只重外表，於是走到生命盡頭時，

他只有孤單一人，獨守珍寶。

....

理智型

他認為人的價值在於知識，

他尊重學歷高的人，也欣賞有能力的人。

對人的評價與分等，以學歷作為基準。

他鄙視占人便宜的行徑；

對於那些欺負社會中低階層的人，

他也不相往來。

....

Value of Man

情感型

他認為人的價值，存乎一心，

因此他的所作所為都從純淨的心出發。

他從不輕視別人，

總是以愛出發，真誠地稱讚他的夥伴。

他認為人生而平等，

純淨的心是他人生旅途的指引，

而天命則為他指明當行的路。

....

平衡型

他走他自己的路，不崇拜任何物品、知識，或是個人，

因為他知道眾生皆平等，而每個人都有其尊嚴。

他了解生命是寶貴的存在，每個人都有善與惡的一面，

各人特質不同，不應互相比較。

他以樂觀的態度看待他人，而不去挑剔人的缺失；

他總是能夠看到別人的優點，這不僅給他帶來快樂，

也讓大家和他相處時感到舒服自在。

....

所有的生命，
都有平等的價值。

你會對誰給予尊重？

——有錢人？還是好人？

chapter

25

Mind
心境

清靜為天下正。

——老子

Mind

本能型

他想做什麼就做什麼。

無論是激情、信念、或宣傳廣告，都能吸引他，

他隨波逐流，無所堅持。

他享受短暫的歡愉，但他的幸福都瞬間即逝。

他一輩子都無法找到真正的快樂。

他的心靈不安定，而且容易沉迷於身邊的任何事物。

理智型

他心境穩定，不易被廣告宣傳影響；

他循規蹈矩，雖然有時內心深處並不喜歡這樣。

他通常會專注於做正確的事，但偶爾心中會充滿困惑。

他的心靈主導一切，肢體則是它的奴隸；

而心靈指揮身體行動，也引發了他內在力量的爭戰。

Mind

情感型

他總是順應他人的要求，
任何開口要他幫忙的人，他一律給予協助。
看見別人開心，他也就跟著高興，
即使因此遭遇困難，還是願意去做。
他心地善良又熱心地幫助別人，
雖然從不希求任何回報，但他也因此廣獲愛戴。

平衡型

他不會隨心所欲或配合他人要求行事，
因為他清楚那些索求都出自激情和貪慾。
他清空他的心靈，試圖超脫所有世俗情慾。
知足，為他帶來身心的快樂與滿足。
他不讓自己的心隨著虛假的信念起伏，
也不允許心靈被任何物質戰勝。

一旦了解「知足」的
真正意涵，
我們當下就變得富裕了。

我們花了好久的時間追逐幸福，

然後才發現，

幸福早就藏在自己的心底。

chapter

26

Solving Problems

解決問題

我們不能用製造問題時同一水平的思維來解決問題。

——愛因斯坦(Albert Einstein)

Solving
Problems

....

本能型

他不知道解決問題的原則，
總是把小問題搞成大問題，而大問題又變得更大，
所以，他的生活天天充滿著問題。
當他完全束手無策時，
便會找一件可以讓他分心的事，
遠遠地逃離問題。

....

理智型

他分析問題，
試圖找到它的前因後果；
他謹守正義，
並以此來解決大小問題，
他不會把情感關係考慮進去，
因而總能謹守原則。

....

Solving
Problems

....

情感型

他真心誠意地解決所有問題。

他原諒每個引發問題的人，

並且自己解決這些問題。

到後來，大家都把自己的問題丟給他，

於是他的生活，

變成一篇篇老是在協助別人解決問題的傳奇故事。

....

平衡型

他把自己放在超越問題的高度，

好更清楚分析問題發生的原因。

他把大問題拆解成小問題，再把小問題化解於無形。

面對問題，他努力不給自己太大壓力，

因為他知道世上的一切來來去去；

當問題出現，解答也一定存在，

因為它們總是共生共存的。

....

每個問題，
都有對應的解決辦法。

掌握狀況，

是解決問題的第一步。

chapter

27

Emotion
情緒

人的行為有三個主要的源頭——

慾望、情感與知識。

——柏拉圖(Plato)

Emotion

本能型

他是自己情緒的奴隸，

無法控制情緒。

如果生氣了，他立刻變臉；

一旦戀愛了，他無時無刻都像沉迷其中；

受到壓力了，他狂飲到失去控制又虛脫；

感到失望了，他會有傷害自己和身旁的人的念頭。

理智型

粗魯無禮的念頭，他從不顯露，

就怕講了，讓人無法接受。

他在心中壓抑所有情感，

當他感到憤怒，他強忍怒氣；

當他傷心難過，他獨自承受也不敢對人透露，

長久下來，他就變成一個抑鬱的人。

Emotion

情感型

他和善地對待每一個人，

即便是那些對他不友善的人，他也親切以待。

但後來他也開始對自己的做法感到懊惱，

因為發現他人還是以惡意回報他。

到了最後，

他卻因此成了一個對自己的生活絕望透頂的人。

平衡型

他用智慧覺察感知自己的情緒，

探究痛苦的原因及所造成的影響。

他了解造成痛苦的原因，也曉得如何消彌痛苦；

而當幸福來臨，他也知道快樂不會恆常存在。

他意識到萬事萬物，都有自己的起點與終點。

有自覺的頭腦，
充滿理智。

不清醒的腦袋，
則時常滿溢著情緒。

愚蠢的人，永遠被情緒控制；

聰明的人，永遠抑制情緒；

純淨的心，則讓情緒流動；

有智慧者，會學著管理情緒。

人生大事之
最好的自己

作　　者／丹榮‧皮昆（Damrong Pinkoon）
譯　　者／呂禧鳴
美術設計／倪龐德
特約編輯／張沛榛
執行企劃／曾睦涵
主　　編／林巧涵
董事長‧總經理／趙政岷
出版者／時報文化出版企業股份有限公司
10803 台北市和平西路三段 240 號 7 樓
發行專線／（02）2306-6842
讀者服務專線／0800-231-705、（02）2304-7103
讀者服務傳真／（02）2304-6858
郵撥／1934-4724 時報文化出版公司
信箱／台北郵政 79～99 信箱
時報悅讀網／www.readingtimes.com.tw
電子郵件信箱／books@readingtimes.com.tw
法律顧問／理律法律事務所　陳長文律師、李念祖律師
印　　刷／盈昌印刷有限公司
初版一刷／2017 年 4 月 28 日
定　　價／新台幣 250 元，特價 199 元
行政院新聞局版北市業字第 80 號

時報文化出版公司成立於一九七五年，並於一九九九年股票上櫃公開發行，
於二〇〇八年脫離中時集團非屬旺中，以「尊重智慧與創意的文化事業」為信念。

人生大事之最好的自己 / 丹榮‧皮昆 (Damrong Pinkoon) 作；呂禧鳴譯. 初版
臺北市：時報文化，2017.04 ISBN 978-957-13-6961-7(平裝)
1. 自我肯定 2. 成功法　177.2　106004004